Repostería infantil

Galletas y cupcakes

Sumario

Coordinación, diseño, textos y fotografías:
Sinache art & communication, S.L.

© SUSAETA EDICIONES, S.A.
C/ Campezo, 13 - 28022 Madrid
Tel.: 91 3009100 - Fax: 91 3009118
www.susaeta.com

NOTA IMPORTANTE:
Para realizar algunos de los pasos y poder evitar posibles daños es indispensable la supervisión de un adulto.

Materiales comunes en repostería

Algunas técnicas básicas

Masa de galletas para recortar

Para poder hacer este tipo de galletas se necesita una masa muy densa. Una vez que esté preparada, se divide si es necesario en dos o tres partes y se estira cada una entre dos hojas de papel de horno usando un rodillo. Para que todas las galletas tengan el mismo grosor se puede emplear un rodillo con discos niveladores o unas tablillas. Después hay que meter la masa en la nevera el tiempo que indique la receta para que se endurezca.

A continuación, se retira el papel y se presiona varias veces con el cortapastas elegido, intentando aprovechar bien la masa hasta utilizarla toda. Después se amasan los fragmentos restantes, se estira de nuevo la masa y se cortan más formas.

Con una espátula, se van colocando las galletas sobre una bandeja cubierta con papel de horno. Para que conserven mejor la forma mientras se hornean, conviene meter la bandeja en el congelador unos 15 minutos.

Masa de galletas tipo «cookie»

Este tipo de masa es muy poco densa. Una vez que está preparada y tras su tiempo de reposo correspondiente, se depositan bolas de masa sobre una bandeja cubierta con papel de horno, dejando suficiente espacio entre ellas, ya que durante la cocción crecerán.

Cómo hacer glasa real

Ingredientes: 1 clara pasteurizada y, más o menos, 175 g de azúcar glas tamizado (dependerá de la consistencia que se le quiera dar). **Preparación:** Echar la clara en un cuenco y batir con un tenedor hasta que forme espuma. Añadir entonces una tercera parte del azúcar y batir a velocidad baja. Después, sin dejar de batir, ir añadiendo el resto del azúcar lentamente y a cucharadas.

Para decorar galletas se necesita glasa real de dos consistencias: una más espesa para dibujar el contorno y los detalles, y otra más fluida para rellenarlas. Se empieza preparando la primera y a partir de esta, añadiendo agua, se elabora la segunda. Para saber si tiene la consistencia adecuada, se echa la glasa en una manga pastelera y se le pone una boquilla fina; apretando lentamente se dibuja una cruz sobre una hoja de papel de horno. Si la consistencia es buena, las líneas no deben fundirse la una con la otra. Si se funden, hay que añadir más azúcar glas. Aplicando colorantes alimentarios se pueden conseguir decoraciones espectaculares.

En una lata o en un bote de cristal tus galletas se conservarán hasta dos meses... ¡si no te las comes antes!

Galletas de fresa

Ingredientes para 60 galletas

275 g de harina · ½ cucharadita de levadura en polvo
· 50 g de fresas liofilizadas · una pizca de sal
· 125 g de mantequilla a temperatura ambiente
· 200 g de azúcar · 1 huevo grande

Triturar las fresas hasta reducirlas a polvo.
Tamizar en un cuenco la harina, la levadura, las fresas
liofilizadas y la sal. Reservar.
Batir la mantequilla con el azúcar hasta obtener una mezcla
blanquecina. Añadir el huevo y volver a batir para integrarlo.
Agregar la mezcla de la harina en dos tandas y remover con una espátula
hasta que los ingredientes queden bien integrados.
Cuando la masa resulte homogénea, dividirla en dos partes y estirar
cada una de ellas con un rodillo entre dos papeles de horno,
dejándolas de unos 2 mm de grosor. Colocar las dos planchas
de masa sobre una bandeja y meterlas en la nevera durante un mínimo
de 2 horas para que se endurezcan. A continuación, precalentar el horno
a 160 ºC. Sacar la masa de la nevera y cortar las galletas utilizando un
cortapastas pequeño. Después amasar los restos y recortar más galletitas.
Si se quiere decorar las galletas con pequeños agujeros, presionarlas con
la punta de una boquilla fina. Hornear las galletas 10 minutos,
no hay que dejar que se doren.
Disponerlas sobre una rejilla para que se enfríen.

Cookies con pepitas de chocolate

Picar las avellanas y reservar. Tamizar en un cuenco la harina, el bicarbonato y la sal. Reservar. Batir la mantequilla con los dos tipos de azúcar hasta obtener una mezcla suave y esponjosa. Incorporar los huevos uno a uno, batiendo bien tras cada adición. Agregar la vainilla. Incorporar la mezcla de harina en dos tandas, removiendo con una espátula hasta que se integre todo. Añadir las pepitas de chocolate y las avellanas, y remover de nuevo con la espátula para mezclar. Dejar reposar en la nevera durante un mínimo de 12 horas. Después, precalentar el horno a 180 °C e ir echando bolas de masa sobre la bandeja utilizando un dosificador de bolas de helado para que todas sean iguales. Dejar un espacio de 4 cm entre ellas para evitar que se peguen al expandirse durante la cocción. Hornearlas unos 10 minutos o hasta que se doren. A continuación, dejarlas unos minutos en la bandeja antes de traspasarlas a una rejilla para que se enfríen completamente.

Ingredientes para 24 galletas

300 g de harina · 1 cucharadita de bicarbonato · 1 cucharadita de sal · 250 g de mantequilla a temperatura ambiente · 130 g de azúcar · 170 g de azúcar moreno · 2 huevos grandes · 1 cucharadita de extracto de vainilla · 300 g de pepitas de chocolate · 75 g de avellanas

Ingredientes
para 45 galletas

150 g de harina · 75 g de cacao en polvo · 1 cucharadita de levadura en polvo · 150 g de azúcar · una pizca de sal · 100 g de mantequilla a temperatura ambiente · 1 huevo · 1 cucharadita de extracto de vainilla · 1 cucharada de leche **Para el relleno:** 200 g de azúcar glas · 50 g de queso de untar · 45 g de mantequilla a temperatura ambiente · ½ cucharadita de extracto de vainilla · una pizca de sal

Galletas de cacao y crema

Precalentar el horno a 180 ºC. Mezclar en un cuenco la harina, el cacao, la levadura, el azúcar y la sal. Incorporar la mantequilla cortada en daditos apretando con un tenedor. Remover bien hasta que se integre todo y añadir el huevo, la leche y la vainilla. Remover y trabajar la mezcla con las manos hasta formar una masa homogénea. Estirarla con un rodillo entre dos hojas de papel de horno hasta dejarla de unos 2 mm de grosor. Cortar las galletas utilizando un cortapastas redondo de 4 cm y perforarlas con un palillo. Después juntar los restos de masa, estirarla y cortar más galletas. Colocarlas sobre una bandeja con papel de horno y cocerlas durante 12 minutos. A continuación traspasarlas a una rejilla para que se enfríen. **Para el relleno:** Tamizar el azúcar glas y batirlo junto con el resto de los ingredientes a velocidad alta hasta que la mezcla se ponga blanquecina. Después echarla en una manga pastelera y meterla en la nevera durante 1 hora para que coja consistencia. **Para el montaje:** Echar un poco de crema en el centro de una galleta y presionar ligeramente con otra.

Cookies de chocolate

Ingredientes para 30 galletas

40 g de harina · 15 g de cacao en polvo
· ¼ de cucharadita de levadura en polvo · una pizca de sal · 2 huevos
· 160 g de azúcar · 1 cucharadita de extracto de vainilla
· 150 g de chocolate de cobertura · 25 g de mantequilla
· 90 g de pepitas de chocolate

Precalentar el horno a 180 °C. Tamizar en un cuenco la harina, el cacao,
la levadura y la sal. Batir en otro cuenco los huevos con el azúcar hasta que
la mezcla duplique su volumen. Añadir el extracto de vainilla y batir de nuevo.
Derretir al baño maría el chocolate con la mantequilla y remover.
Cuando se consiga una crema uniforme, echarla en el cuenco donde se han
batido los huevos con el azúcar y mezclar con movimientos envolventes.
A continuación, agregar en dos tandas los ingredientes tamizados
y remover del mismo modo para que se integre todo.
Por último, añadir las pepitas de chocolate y remover de nuevo.
Ir echando pequeñas porciones de masa sobre una bandeja cubierta con papel
de horno. Para ello se puede utilizar un dosificador de bolas de helado pequeño
o una cuchara. Dejar unos 4 cm de separación para que las galletas no se junten
al crecer dentro del horno.
Hornear las galletas durante 8 minutos o hasta que se agrieten.
Después dejarlas unos minutos en la bandeja antes de traspasarlas a una
rejilla para que se enfríen completamente.

Recuerda que lo importante de una galleta no es solo su aspecto, ¡el sabor es fundamental!

Ingredientes para 35 galletas

410 g de harina
· 1 cucharadita de leche
en polvo · 175 g de azúcar
· una pizca de sal · 250 g
de mantequilla a temperatura
ambiente · 15 g de huevo
ligeramente batido
· 30 ml de agua
· 1 cucharadita de extracto
de vainilla

Galletas danesas

Tamizar la harina y mezclarla en un cuenco con la leche en polvo,
la sal y el azúcar. Incorporar la mantequilla cortada en daditos
aplastándola con un tenedor. Remover bien hasta que se integre.
Añadir el huevo, el agua y el extracto de vainilla; remover.
Trabajar la mezcla con las manos hasta conseguir una masa homogénea.
Ir haciendo bolas pequeñas con la masa y colocarlas
sobre una bandeja cubierta con papel de horno,
dejando 5 cm de separación entre ellas. Apretarlas con los dientes
del tenedor para marcarlas; hacerlo dos veces y en dos direcciones
distintas para crear una rejilla. No apretar demasiado para
que las galletas no queden muy finas.
Hornearlas durante 10 minutos, sin que lleguen a dorarse.
Después colocarlas en una rejilla para que se enfríen del todo.

Galletas de mantequilla de cacahuete

Tamizar la harina junto con la levadura, el bicarbonato y la sal.
Batir en otro cuenco las dos mantequillas y los dos tipos de azúcar hasta que todos los ingredientes se integren. Añadir el huevo y el extracto de vainilla; volver a batir. Agregar en tres tandas los ingredientes tamizados y remover con la espátula tras cada adición. Hacer bolas con la masa, disponerlas sobre una bandeja con papel de horno (dejando espacio entre ellas) y aplastarlas con la espátula. Si se desea, se puede enharinar un sello y estamparlo en el centro de cada galleta. Si se marcan con el sello, hay que meter la bandeja en el congelador durante 1 hora para que luego las galletas no pierdan el dibujo mientras se hornean.
Precalentar el horno a 180 °C. Cocer las galletas 15 minutos o hasta que se doren. Después dejarlas unos minutos en la bandeja antes de traspasarlas a una rejilla para que se enfríen del todo.

Ingredientes
para 18 galletas

250 g de harina
· ½ cucharadita de
levadura en polvo
· ½ cucharadita de
bicarbonato
· ½ cucharadita de sal
· 150 g de mantequilla
a temperatura ambiente
· 275 g de mantequilla de cacahuete
· 150 g de azúcar · 75 g de azúcar moreno
· 1 huevo grande
· 1 cucharadita de extracto de vainilla

Para que tus galletas resulten más divertidas puedes hacerlas con distintos gestos y caras.

14

Galletas de jengibre

Ingredientes para 20 galletas

540 g de harina · 1 ½ cucharaditas de levadura en polvo
· ½ cucharadita de sal · 1 cucharada de jengibre en polvo
· 1 cucharadita de canela en polvo · 1 cucharadita de clavo en polvo
· 225 g de mantequilla a temperatura ambiente
· 230 g de azúcar moreno · 335 g de miel de caña
· 1 huevo

Tamizar en un cuenco la harina con la levadura, la sal, el jengibre,
la canela y el clavo. Reservar.
Batir en otro cuenco la mantequilla con el azúcar hasta obtener una mezcla
esponjosa. Continuar batiendo a velocidad baja e incorporar la miel de caña
poco a poco. A continuación, añadir el huevo y batir lo justo para integrarlo.
Incorporar en tres tandas los ingredientes tamizados y remover con la
espátula para integrarlos.
Una vez lista la masa, dividirla en tres partes y estirar cada una entre dos hojas
de papel de horno, dejándolas de 6 mm de grosor. Colocar las tres planchas sobre
una bandeja y meterlas en el frigorífico durante un mínimo de 2 horas.
Precalentar el horno a 190 ℃.
Sacar las masas del frigorífico y cortar las galletas con un cortapastas.
Volver a amasar los restos y recortar más galletas.
Ir pasándolas con una espátula a una bandeja cubierta con papel de horno y
cocer las galletas 12 minutos o hasta que se doren.
Dejarlas unos minutos en la bandeja antes de traspasarlas a una rejilla para que
se enfríen completamente.

Cupcakes de zanahoria

Precalentar el horno a 170 °C con calor arriba y abajo. Tamizar la harina y el bicarbonato en un cuenco. En otro cuenco, batir los huevos con el azúcar y el aceite. Después, incorporar la mezcla anterior. Rallar las zanahorias e incorporarlas con una espátula. Preparar una bandeja para muffins con doce cápsulas de papel y rellenarlas dos tercios de su capacidad. Hornear 20 minutos o hasta que al pinchar los cupcakes con un palillo este salga limpio. Dejarlos reposar 5 minutos en la bandeja y después traspasarlos a una rejilla hasta que se enfríen. **Para el frosting y la decoración:** Batir la mantequilla con el azúcar glas tamizado a velocidad baja en la batidora y añadir la leche. Cuando esté todo bien integrado, incorporar el queso muy frío. Batir unos minutos más aumentando la velocidad hasta que la mezcla quede blanca y cremosa. Echar esta crema en una manga pastelera y cubrir los cupcakes. Como decoración, se pueden modelar unas zanahorias con pasta de azúcar teñida de naranja y de verde. Colocar los adornos lo antes posible, mientras la crema de queso del frosting esté aún pegajosa.

Ingredientes
para 12 cupcakes

Para el bizcocho: 2 huevos · 135 g de harina
· 120 ml de aceite de oliva suave
· 120 g de azúcar · 250 g de zanahorias
· 1 cucharadita de bicarbonato
· la ralladura de 1 naranja
Para el frosting: 125 g de queso de untar
· 375 g de azúcar glas · 60 g de mantequilla a temperatura ambiente · 1 cucharada de leche
Para la decoración: pasta de azúcar blanca
· colorante en pasta naranja
· colorante en pasta verde

Ingredientes
para 12 cupcakes

Para el bizcocho: 2 huevos · 200 g de harina · 100 g de azúcar · 45 g de mantequilla a temperatura ambiente · 175 ml de nata para montar · ½ sobre de levadura (8 g) · 1 cucharadita de extracto de vainilla · 80 g de fresas liofilizadas · una pizca de sal
Para el frosting: 3 claras de huevo · 350 g de mantequilla · 70 ml de agua · 210 g de azúcar glas · 1 cucharadita de extracto de vainilla
Para la decoración: pasta de azúcar blanca · colorante en pasta rosa · perlitas rosas · glasa real

Cupcakes de fresa

Precalentar el horno a 170 ºC con calor arriba y abajo. Batir la mantequilla con el azúcar hasta conseguir una mezcla cremosa. Añadir la nata y los huevos. Una vez integrado todo, incorporar la harina tamizada junto con la levadura y la sal. Batir de nuevo. Por último, incorporar la vainilla y las fresas en trocitos. Remover con la espátula. Hornear los cupcakes en sus cápsulas.

Para el frosting y la decoración: Echar en un cazo el agua con 175 g de azúcar glas; remover y dejar a fuego medio hasta que el almíbar alcance 121 ºC (es necesario usar un termómetro de azúcar). Mientras, montar las claras a punto de nieve con una pizca de sal. Después, añadir el resto del azúcar e incorporar el almíbar sin dejar de batir a media potencia hasta que se enfríe; se puede poner sobre un recipiente con hielo picado. Una vez frío, ir incorporando la mantequilla en dados mientras se bate. Por último, añadir la vainilla y volver a batir. Extender el frosting con una espátula, cubrirlo con un círculo de pasta de azúcar teñida de rosa y decorar con flores de pasta de azúcar y glasa real.

Cupcakes de vainilla

Ingredientes para 12 cupcakes

Para el bizcocho: 2 huevos grandes · 120 g de harina · 120 g de mantequilla · 120 g de azúcar · 2 cucharadas de leche · 1 cucharadita de levadura · 1 ½ cucharaditas de extracto de vainilla · almíbar (hecho con 100 g de azúcar, 100 ml de agua y 1 cucharadita de vainilla) **Para el frosting:** 250 g de mantequilla a temperatura ambiente · 450 g de azúcar glas · 6 cucharaditas de leche · 1 cucharadita de extracto de vainilla **Para la decoración:** pasta de azúcar blanca · colorante en pasta rosa · colorante en pasta verde

Precalentar el horno a 170 ºC con calor arriba y abajo.
Batir en un cuenco la mantequilla con el azúcar hasta obtener una mezcla cremosa. Añadir los huevos batidos con el extracto de vainilla y, después, la harina y la levadura tamizadas. Incorporar la leche y batir hasta que quede todo bien integrado. Preparar una bandeja para muffins con doce cápsulas de papel y rellenarlas dos tercios de su capacidad. Hornear 20 minutos o hasta que al pinchar los cupcakes con un palillo este salga limpio. Después de reposar 5 minutos en el molde, pasarlos a una rejilla. Preparar el almíbar hirviendo el agua y el azúcar. Después, dejarlo enfriar y añadir la vainilla. Perforar los cupcakes con un palillo y pintarlos con el almíbar utilizando una brocha de silicona.

Para el frosting y la decoración:

Echar todos los ingredientes menos el azúcar glas en un cuenco y batir a velocidad baja. Añadir el azúcar tamizado en tres tandas, batiendo varios minutos entre una y otra. Cuando esté todo bien integrado, batir 5 minutos más a velocidad máxima (si la batidora no es muy potente, se necesitará más tiempo). Echar la crema en una manga pastelera y cubrir los cupcakes. Como decoración, se pueden hacer unas rosas con pasta de azúcar.

Un delicioso cupcake con una bonita
decoración puede ser un precioso
regalo para familia y amigos.

Ingredientes
para 12 cupcakes

Para el bizcocho: 1 huevo · 100 g de harina · 90 g de azúcar moreno · 85 g de mantequilla a temperatura ambiente · 125 ml de agua · una pizca de sal · 110 g de queso mascarpone · ½ cucharadita de levadura · ½ cucharadita de bicarbonato · 25 g de cacao en polvo sin azúcar · ½ cucharadita de extracto de vainilla **Para el frosting:** 360 g de chocolate negro de cobertura · 360 ml de nata líquida para montar
Para la decoración: copos de nieve hechos con glasa real · perlitas blancas

Cupcakes de chocolate

Precalentar el horno a 170 ºC con calor arriba y abajo. Hervir el agua y añadir el cacao. Mezclar y dejar que se entibie. Tamizar en un cuenco la harina, la levadura, el bicarbonato y la sal. Por otro lado, batir la mantequilla con el azúcar hasta obtener una mezcla homogénea. Añadir el huevo y la vainilla, y volver a batir. Después, incorporar la mezcla al cuenco de la harina en tres tandas, alternando con la mezcla de agua y cacao. Agregar el mascarpone y batir de nuevo. Preparar una bandeja para muffins con doce cápsulas de papel y rellenarlas dos tercios de su capacidad. Hornear los cupcakes 20 minutos. Dejarlos reposar 5 minutos en el molde y después traspasarlos a una rejilla. **Para el frosting y la decoración:** Hervir la nata en un cazo y retirarla del fuego. Añadir el chocolate cortado en trocitos y mezclar. Dejar enfriar a temperatura ambiente y después meter en la nevera. Cuando el chocolate esté muy frío, trabajarlo con la batidora hasta que alcance una textura de mousse. Echarlo en una manga pastelera y cubrir los cupcakes. Decorar con unos copos de nieve hechos con glasa real y unas perlitas.

Cupcakes arcoíris

Precalentar el horno a 170 °C solo con el grill. Batir la mantequilla con el azúcar hasta conseguir una mezcla cremosa. Separar las claras de las yemas y añadir solo las yemas a la mezcla anterior. Agregar las harinas tamizadas y la vainilla. Batir. En otro cuenco, montar las claras con la sal. Incorporarlas a la mezcla anterior y remover con suavidad. Dividir la masa en seis porciones y teñir cada una de un color: morado, azul, verde, amarillo, naranja y rojo. Preparar una bandeja con doce cápsulas de papel y echar 1 cucharada de masa morada en cada una; hornear 2 minutos y echar 1 cucharada de masa azul. Repetir el mismo proceso hasta llegar al color rojo. Por último, dejar enfriar los cupcakes. **Para el frosting y la decoración:** Fundir el chocolate al baño maría removiendo y dejarlo enfriar. Echar la mantequilla, la vainilla y la leche en un cuenco y batir a velocidad baja. Añadir el azúcar tamizado en tres tandas, batiendo varios minutos entre una y otra. Incorporar el chocolate y batir 5 minutos más a velocidad máxima (si la batidora no es muy potente, algo más de tiempo). Echar la crema en una manga pastelera, cubrir los cupcakes y espolvorearlos con perlitas de colores.

Ingredientes
para 12 cupcakes

Para el bizcocho: 3 huevos grandes · 80 g de harina de repostería · 50 g de harina de maíz · 120 g de mantequilla a temperatura ambiente · 120 g de azúcar · 1 ½ cucharaditas de extracto de vainilla · una pizca de sal · colorantes en pasta variados

Para el frosting: 250 g de mantequilla a temperatura ambiente · 500 g de azúcar glas · 150 g de chocolate blanco para cobertura · 1 cucharadita de extracto de vainilla · 1 cucharadita de leche **Para la decoración:** perlitas de colores

Cupcakes red velvet

Ingredientes para 12 cupcakes

Para el bizcocho: 2 huevos · 160 g de harina · 150 g de azúcar · 50 ml de nata líquida · 90 g de mantequilla a temperatura ambiente · 35 g de cacao en polvo sin azúcar · ½ cucharadita de colorante en pasta rojo · 12 g de levadura en polvo · 1 ½ cucharaditas de extracto de vainilla **Para el frosting:** 180 g de queso de untar · 450 g de azúcar glas · 90 g de mantequilla a temperatura ambiente · 1 ½ cucharadas de leche **Para la decoración:** pasta de azúcar roja · un poco de margarina · pintura en polvo dorada

Precalentar el horno a 170 ºC con calor arriba y abajo. Tamizar en un cuenco la harina, el cacao y la levadura. Añadir el azúcar y mezclar. En un cuenco aparte, batir los huevos con el extracto de vainilla. Incorporar poco a poco la mantequilla en punto de pomada. Cuando esté todo integrado, añadirlo al primer cuenco. En un cazo, calentar un poco de nata y agregar el colorante. Mezclar todo y batir. Preparar una bandeja con doce cápsulas y hornear los cupcakes como se indica en recetas anteriores.
Para el frosting y la decoración: Trabajar en la batidora la mantequilla con el azúcar glas tamizado a velocidad baja y añadir la leche. Una vez que esté todo bien integrado, agregar el queso de untar muy frío. Batir unos minutos más aumentando la velocidad hasta que la mezcla quede blanca y cremosa. Si se quiere que la crema quede más líquida, se pueden añadir más cucharadas de leche. Echar la crema en una manga pastelera con una boquilla redonda y grande, y cubrir la superficie de los cupcakes primero con un montoncito y después con otro más pequeño encima. Para decorar, hacer unos corazones con pasta de azúcar de color rojo y un cortapastas pequeño, y pintarlos con la pintura en polvo dorada usando una plantilla.

Cupcakes de dulce de leche

Precalentar el horno a 170 ºC con calor arriba y abajo. Tamizar en un cuenco las dos harinas y reservar. En otro cuenco, batir la mantequilla con el azúcar hasta conseguir una mezcla cremosa. Añadir los huevos y la vainilla, y batir de nuevo.

Una vez integrado todo, incorporar la mitad de la harina, después la leche y finalmente el resto de la harina; batir tras cada adición. Hornear los cupcakes como se indica en recetas anteriores. Una vez fríos, perforarlos con un descorazonador de manzanas y rellenarlos con dulce de leche. **Para el frosting y la decoración:** Batir las claras en un cuenco resistente al calor y ponerlo al baño maría con el azúcar, a fuego medio, unos 5 minutos. Retirar la mezcla del fuego y batir a velocidad alta hasta que coja consistencia y brillo. Enfriarla colocando el cuenco sobre hielo picado. Una vez frío, ir incorporando la mantequilla en dados mientras se bate a velocidad lenta unos 10 minutos. Por último, agregar el dulce de leche, poco a poco, sin dejar de batir. Echar la crema en una manga pastelera y cubrir los cupcakes. Espolvorearlos con almendra y decorarlos con un hilo de dulce de leche.

Ingredientes
para 12 cupcakes

Para el bizcocho: 2 huevos · 90 g de harina de repostería · 60 ml de leche · 115 g de harina con levadura (bizcochona) · 175 g de azúcar moreno · 85 g de mantequilla a temperatura ambiente · dulce de leche (para rellenar) · 1 cucharadita de extracto de vainilla **Para el frosting:** 3 claras de huevo pasteurizadas · 170 g de azúcar · 260 g de mantequilla a temperatura ambiente · 12 cucharadas de dulce de leche **Para la decoración:** dulce de leche · almendra picada